W9-CGX-303

POLLOS

ANIMALES DE GRANJA

Lynn M. Stone

Versión en español de Aída E. Marcuse

Rourke Enterprises, Inc.
Vero Beach, Florida 32964

FOTOS
Todas las fotos pertenecen a la autora del libro.

AGRADECIMIENTOS
El autora agradece a las siguientes personas por la ayuda que
le brindaron en la preparación de este libro: Jerry Johnson/
Museo de la Granja, Garfield, St. Charles, IL, Dave Heffernan/
Aldea Histórica de la Granja Blackberry, Aurora, IL

LIBRARY OF CONGRESS
Library of Congress Cataloging-in-Publication Data
Stone, Lynn M.
[Pollos. Español]
Pollos / por Lynn M. Stone; versión en español de Aída E. Marcuse
p. cm. — (Biblioteca Descubrimiento — Animales de Granja)
Traducción de: Chickens.
Incluye un índice.
Resumen: Describe las características físicas, las costumbres,
el medio ambiente natural de los pollos y sus relaciones con los
seres humanos.
ISBN 0-86592-949-1
1. Pollos—Literatura juvenil. [1. Pollos. 2. Materiales en
idioma español.]
I. Título. II. Series: Stone, Lynn M.
Biblioteca Descubrimiento — Animales de Granja.
SF 487.5.S7618 1991
636.5—dc20 91-21048
CIP
AC

ÍNDICE

POLLOS

Admiramos mucho los pájaros porque pueden volar. Pero el más común del mundo—el pollo—*(cellus domesticus)* no sería un buen instructor de vuelo, ya que apenas puede volar unos cientos de metros.

Como sus parientes salvajes, tiene alas cortas y redondeadas. Con sus patas largas terminadas en fuertes uñas, los pollos corren mejor de lo que vuelan. Pero, que vuele o no, el delicioso pollo quizás sea el pájaro más importante de la tierra.

Los pollos también son llamados **aves de corral.**

Pollos junto al gallinero

COMO SON LOS POLLOS

Los pollos son pájaros regordetes, de picos cortos y afilados, carnosas **barbas** y **crestas** rojo sangre. La cresta se parece a un rastrillo puesto sobre la cabeza. Las barbas les cuelgan del mentón.

Los pollos suelen tener distintos colores y sus crestas, barbas y el plumaje varían grandemente. Las plumas de cola del pollo japonés Yokohama pueden medir 18 pies.

Los pollos Bantam suelen pesar apenas una libra, pero los pollos más pesados superan los 12 libras de peso.

Gallo

DONDE VIVEN LOS POLLOS

¿Te gustaría saber cuántos pollos hay en el mundo? ¡No te ofrezcas para contarlos! Hay alrededor de nueve billones. Sólo en los Estados Unidos viven unos tres billones de pollos.

En Norteamérica no hubieron pollos hasta que los trajeron los exploradores españoles, hacia el año 1500.

Hoy en día, China, Rusia y los Estados Unidos son los mayores productores de pollos del mundo. Se crían en casi todos los países, y su carne y huevos pueden encontrarse en todo el mundo.

Pavo salvaje

DISTINTAS RAZAS DE POLLOS

Los primeros criadores descubrieron que sus pollos no eran exactamente iguales. Algunos eran más grandes, otros tenían plumas más largas.

Los criadores decidieron poner juntos los pollos que se parecían. Los grandotes, produjeron otros de buen tamaño. Los de largas plumas, produjeron pollos iguales a ellos.

Estos grupos nuevos, cada uno algo diferente de los demás, fueron llamados **razas.** Hoy existen más de 200 razas distintas, pero a los criadores sólo les interesan unas pocas.

Muchas razas son criadas porque a la gente le gusta su curioso comportamiento o su color.

Gallina listada de las rocas

Un gallo despertando a la granja

Gallina incubando huevos

POLLOS SALVAJES

Los parientes más cercanos de los pollos domésticos son cuatro tipos de aves salvajes de Asia. Probablemente el ave roja de la selva fue la primera ave de corral, hace ya 4.000 años.

Aunque también los pavos están relacionados con los pollos, sus primos más cercanos, además del ave roja, son la codorniz, la perdiz y el faisán.

Como los pollos, también tienen picos cortos y afilados y patas adaptadas para escarbar la tierra y correr.

Faisán de cuello anillado

POLLITOS

Los pollitos crecen dentro de un huevo durante tres semanas. La madre gallina calienta el huevo, o puede hacerlo una **incubadora** eléctrica.

Los pollitos recién nacidos están cubiertos por una pelusa suave, llamada plumón. Apenas nacidos ya pueden caminar y alimentarse solos.

El pollo hembra, o **gallina,** empieza a poner huevos a los cinco meses de edad.

Los pollos que se crían para carne alcanzan el tamaño para venderlos en el mercado en apenas ocho o nueve semanas.

DONDE SE CRÍAN LOS POLLOS

En los Estados Unidos, muchos granjeros crían pollos. Éstos viven en un gallinero o cobertizo y ponen huevos en cualquier sitio donde encuentren un poco de paja o en un nido especial.

Pero la mayoría de los pollos del país se produce en criaderos especiales, donde pueden criarse más de un millón en cada uno.

Muchos pollos no salen de los amplios galpones donde nacieran hasta que los llevan al mercado. Grandes máquinas se encargan de alimentarlos, cambiarles el agua y limpiarles las jaulas.

Gallinero

QUE HACEN LOS POLLOS

Los días empiezan temprano para las aves de corral. ¡El **gallo** cacarea su primer sonoro cocoricó antes de que salga el sol!

Las bandadas de pollos pasan la mayor parte del tiempo escarbando la tierra en busca de insectos y semillas. Las gallinas empollan los huevos en sus nidos.

Entre los pollos hay jefes y subordinados. Los más fuertes suelen maltratar a los más débiles y los pollos pueden lastimarse unos a otros con los picos y **espolones.**

Los gallos son valientes y tratan de alejar a la gente de sus gallinas.

Gallo

PARA QUÉ SE USAN LOS POLLOS

En promedio, cada estadounidense come 45 libras de carne de pollo y 300 huevos por año.

La carne de pollo es baja en grasas, y ahora que la gente está tratando de reducir las grasas de su dieta, la carne de pollo se ha vuelto popular.

Además, los científicos extraen algunas medicinas de los pollos y los señuelos de los pescadores suelen hacerse con plumas de pollo.

La gente cría pollos exóticos como pasatiempo o para exhibirlos y algunas razas se desarrollaron para pelear. Pero las riñas de gallos están prohibidas en los Estados Unidos.

GLOSARIO

aves — cualquier pájaro, pero sobretodo los patos, gansos, pollos y pavos domésticos

barbas — membrana roja, henchida de sangre, que cuelga del mentón del pollo

cresta — membrana roja, henchida de sangre, que corre a lo largo de la cabeza del pollo

espolón — dedo rígido y afilado ubicado en la parte trasera de las patas del pollo

gallina — hembra del pollo o de otros pájaros

gallo — pollo macho adulto

incubadora — aparato que mantiene calientes los huevos y/o los pollitos

raza — grupo de animales relacionados entre sí, producidos con ayuda del hombre. Una clase de pollo doméstico

ÍNDICE ALFABÉTICO